5 Juin 1886.

V

CATALOGUE

DES

OBJETS D'AMEUBLEMENT

CURIOSITÉS

FAIENCES & PORCELAINES

BRONZES

MEUBLES ANCIENS

De la Renaissance et des époques Louis XV et Louis XVI

GLACES — MIROIRS

Ameublement de salon Louis XVI

Chambre à coucher en palissandre — Meubles courants

Tapisseries — Tapis de Smyrne — Rideaux

Livres

DONT LA VENTE AURA LIEU

HOTEL DROUOT, SALLE N° 1

Le Samedi 5 Juin 1886

A DEUX HEURES

Mᵉ Paul CHEVALLIER	**M. Charles MANNHEIM**
COMMISSAIRE-PRISEUR	EXPERT
10, rue de la Grange-Batelière, 10	7, rue Saint-Georges, 7

EXPOSITION PUBLIQUE : Le Vendredi 4 Juin 1886

DE 1 HEURE A 5 HEURES

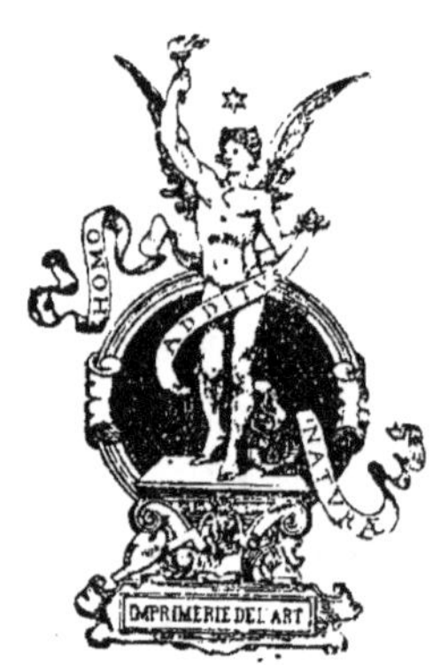

HOMO
AD DEI
NATURAE
IMPRIMERIE DE L'ART

CONDITIONS DE LA VENTE

Elle sera faite au comptant.

Les acquéreurs payeront en sus des enchères *cinq pour cent,* applicables aux frais.

L'exposition mettant le public à même de se rendre compte de l'état des objets, il ne sera admis aucune réclamation une fois l'adjudication prononcée.

Paris. — Imp. de l'Art. E. MÉNARD et J. AUGRY
41, rue de la Victoire, 41

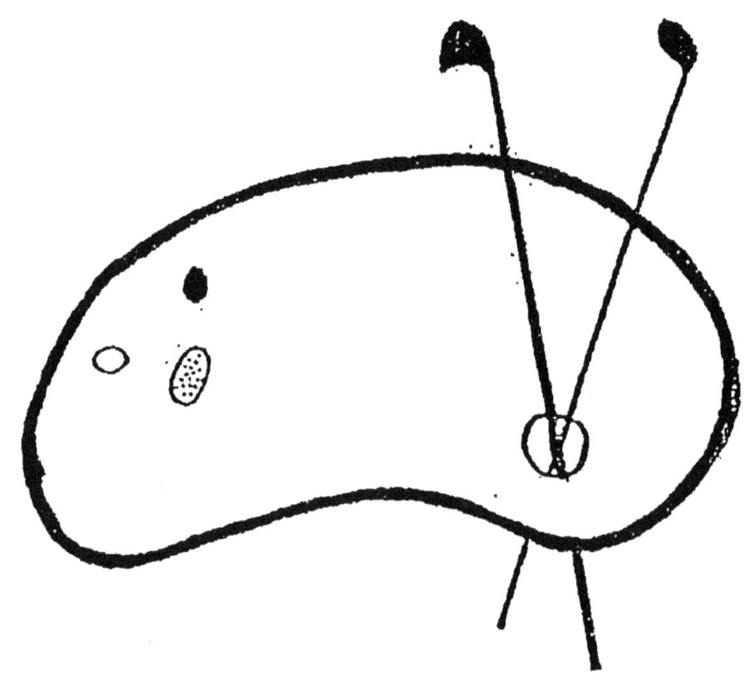

FIN D'UNE SERIE DE DOCUMENTS
EN COULEUR

Désignation des Objets

FAIENCES

1 — Bannette vieux Rouen, à la Corne.

2 — Deux plats longs à décor polychrome, Moustiers.

3 — Plat à bord contourné à fleurs émaillées vert. Marseille.

4 — Plat octogone, décor bleu dans le goût chinois.

5 — Petit plat ovale, à fleurs polychromes, Marseille.

6 — Trois plats ovales à fleurs, Strasbourg.

7 — Plat ovale à cariatides et rinceaux.

8 — Plat rond, décor bleu, fleurs et ornements. Delft.

9 — Assiette à bord lobé, décor polychrome, figures chinoises, marli quadrillé avec réserves à fleurs, Rouen.

10 — Assiette à décor polychrome, guirlandes et médaillon à figures mythologiques, Moustiers.

11 — Assiette à décor Bérain en bleu, Moustiers.

12 — Deux assiettes Moustiers.

13 — Quatre assiettes à fleur au centre et guirlandes au bord, Marseille.

14 — Un huilier faïence et quatre assiettes terre de pipe.

15 — Théière en faïence de Strasbourg, à fleurs.

16 — Plat rond en faïence de Nevers, décor bleu de style chinois.

17 — Plat à barbe en faïence de Rouen, décor polychrome.

18 — Assiettes, compotiers, veilleuse, soucoupes, Delft et faïence française.

19 — Deux jardinières, anses torsades, à décor bleu, Nevers.

20 — Deux consoles-appliques en faïence italienne.

21 — Garniture en Delft, trois cornets et deux potiches.

22 — Deux petits cornets en ancienne faïence d'Urbino, décor à fleurs sur fond bleu et médaillons à figures de saints.

23 — Pot à eau et bassin oblong, à fleurs et rubans roses en faïence de Lunéville.

24 — Grand plat long, décor à fleurs polychrome, Marseille ?

25 — Cinq pièces Rouen, compotiers, saucière, boîte à épices.

26 — Vingt-sept pièces : plats, assiettes, huilier, vases, en Marseille, Moustiers, Strasbourg, Delft, seront vendues sous ce numéro.

27 — Cage en faïence décorée en bleu.

28 — Potiche en Nevers émaillée bleu et marbrée de blanc.

29 — Plat e Rouen à décor d'œillets et d'oiseaux.

30 — Dix assiettes décorées en bleu, Moustiers.

31 — Quatre plaques faïences de Perse.

32 — Douze salières émaillées bleu, faïence de Perse.

PORCELAINES

33 — Théière et tasses, décor à fleurs, Chantilly.

34 — Tasse droite et soucoupe, décor à fleurs et trophées d'armes, Sèvres pâte dure.

35 — Pots à crème, salière et tasses, Sèvres pâte tendre et pâte dure.

36 — Flacon et chien en Saxe décoré.

37 — Pot à crème et tasses en Saxe décoré.

38 — Théières, sucriers, bols, tasses, variés de décor, en Chine.

39 — Trois plats ronds et un compotier, vieux Japon, décor bleu, rouge et or.

40 — Assiettes d'échantillons, variées de décor. Vieux Chine. (Plusieurs lots sous ce numéro.)

41 — Assiette en vieux Chine, décor polychrome à sujet familier; marli à papillons, fleurs et mosaïque.

42 — Assiette en Chine, à bord dentelé, émaux de la famille rose.

43 — Compotier octogone, à rosaces à jour. Japon, bleu, rouge et or.

44 — Deux assiettes Japon, bleu, rouge et or.

45 — Petite potiche et plat creux, en Chine.

46 — Assiette en porcelaine de Vienne, à sujet : Alexandre et Apelles, et marli décoré en dorure.

47 — Assiette et compotier en vieux Sèvres, pâte tendre, décor à fleurs.

48 — Assiette à bord gaufré et décor à fleurs, en Vienne, et deux assiettes à fleurs bleues, en Chantilly.

49 — Dix-huit assiettes en Chine, variées de décor. (Seront vendues en plusieurs lots sous ce numéro.)

5o — Plat rond, à nombreuses figures et paysage, avec rehauts d'or. Japon.

5 1 — Assiettes en Chine et en Japon.

52 — Cabaret solitaire, en porcelaine pâte tendre, fond gros bleu et décor à portraits : Marie-Antoinette, Mme de Lamballe, etc.

CURIOSITÉS

53 — Une lanterne et quatre plats en cuivre.

54 — Serrure de style gothique, avec encadrement fleurdelisé, découpé à jour et offrant à son centre une façade de monument avec figurines en relief et portant le blason de France.

55 — Brûle-parfums chinois à couvercle et socle en cuivre.

56 — Plateau ovale en bois dur incrusté de nacre. Travail du Tonkin.

57 — Guéridon de même travail.

58 à 60 — Deux plateaux rectangulaires, un plateau carré, de même travail.

61 — Lot de cristaux de lustre.

62 — Épée à garde formée d'un dragon.

63 — Poignard à poignée de nacre.

64 — Deux seaux en cuivre gravé.

65 — Deux fontaines et une bassinoire en cuivre.

66 — Écuelle et buire en étain.

67 — Vase ovale à couvercle en cuivre repoussé.

68 — Lot de clefs anciennes.

69 — Montre ancienne en argent.

70 — Trois réchauds en plaqué. Style Louis XV.

71 — Tableau, travail en cheveux.

BRONZES D'ART ET D'AMEUBLEMENT

72 — Pendule Louis XVI, marbre blanc, turquin et brocatelle, orné de trois figurines de femmes en bronze doré.

73 — Groupe de bacchante et satyre en bronze, d'après Clodion.

74 — Pendule et candélabres à figures d'enfants, en bronze doré.

75 — Cupidon debout sur un dauphin, bronze vert, de *Daniel Dupuis*.

76 — Buste d'enfant en bronze, patine médaille.

77 — Le Réveil, statuette en bronze au vieil argent, de Van de Vyn.

78 — Buire de style Louis XVI, bronze à patine fumée.

79 — Petite pendule et deux candélabres dorés à trois branches, ornés de figurines d'enfants et de guirlandes.

80 — Deux vases, porcelaine décorée, monture en bronze.

81 — Coupe Chine moderne sur pied en bronze.

82 — Petit lustre de style Louis XVI, à seize lumières, garni de cristaux.

83 — Deux candélabres en cuivre, à trois branches.

84 — Samovar en cuivre.

85 — Petit lustre en cuivre, à six lumières.

86 — Petite pendule Empire, bronze doré au mat, à figurine d'Amour.

87 — Deux flambeaux-cassolettes. Style Louis XVI.

MEUBLES

88 — Meuble Renaissance, à deux corps, en bois de noyer, décoré de montants à cariatides. Il ferme à quatre portes séparées par un rang de tiroirs.

89 — Table rectangulaire en bois d'ébène incrusté d'ivoire, à rosaces et ornements. XVIe siècle.

90 — Deux glaces ovales à biseaux, avec cadres en bois sculpté et doré, à larges rinceaux et à fleurs.

91 — Deux grandes glaces octogones, en hauteur, avec cadres en glace et moulures de cuivre enrichies de branches de fruits rapportées en cristal de roche.

92 — Console Louis XVI, demi-lune, en bois sculpté et doré, bandeau découpé à jour, pieds cannelés, tablette de marbre.

93 — Deux encoignures Louis XV, en bois satiné, à porte décorée en marqueterie, vase de fleurs sur fond noir. Tablettes en marbre.

94 — Petite commode droite, en acajou garni de cuivres, de la fin du XVIIIe siècle.

95 — Table de nuit analogue au meuble qui précède.

96 — Petite commode du temps de Louis XVI, en bois rose et bois d'amarante, marqueté à fleurs, vases et trophées d'instruments de musique Tablette en marbre.

97 — Miroir à fronton Louis XV, encadrement peint en blanc à filets dorés.

98 — Deux petits miroirs peints en blanc à filets dorés.

99 — Petite table de dame, en bois de placage et marqueterie à fleurs. Époque Louis XV.

100 — Guéridon Louis XVI, en acajou, à pieds cannelés, dessus de marbre blanc à galerie de cuivre.

101 — Deux fauteuils de style Louis XV, en bois sculpté et doré, couverts en soie brochée blanc sur fond bleu de ciel.

102 — Ameublement de salon Louis XVI, en bois
peint en blanc à filets dorés, recouvert en soie
brochée de l'époque à fleurs et raies. Il se com-
pose de : un canapé avec trois coussins, quatre
fauteuils à dossiers ovales, dont deux avec
coussins, une bergère et deux fauteuils à dossiers
carrés. (Pourra être divisé.)

103 — Écran en bois sculpté et doré, avec feuille en
tapisserie représentant une scène enfantine.

104 — Armoire normande en bois sculpté du temps
de Louis XVI.

105 — Glace médaillon à cadre en peluche.

106 — Buffet breton du temps de Louis XV, garni
de ses ferrures, et à casier supérieur ouvrant à
coulisses.

107 — Ameublement de chambre à coucher en palissandre ciré de style Louis XVI, grand lit à
colonnettes, armoire à glace, deux tables de
nuit.

108 — Fauteuil Louis XVI, peint en blanc et garni
de velours grenat.

109 — Grand support en forme de gaine, en bois
sculpté rehaussé de dorure.

110 — Guéridon à tablette de marbre brèche d'Alep,
sur trépied en bronze.

111 — Canapé, fauteuils, chaises, garnis en velours
bleu ; rideaux, fauteuils verts, ciels de lits, rideaux,
embrasses, appareil à douche, etc.

112 — Buffet en noyer à moulures noircies.

113 — Toilette-bureau acajou, bibliothèque acajou,
chaise longue en tapisserie, sièges, miroirs, etc.

114 — Cantine japonaise laque fond noir à rehauts
d'or.

115 — Huit petits panneaux bois sculpté.

116 — Deux panneaux en bois à ornements en pâte.

TAPISSERIES — ÉTOFFES

117 — Quatre galeries de croisées, ancienne soierie
brochée à fleurs.

118 — Tapis de Smyrne à fond rouge.

119 — Ancienne tapisserie à personnages, avec bordure à fleurs (en deux parties).

120 — Portière verdure.

121 — Tapisserie, fête champêtre, avec bordure.

122 — Rideaux et bonnes grâces en étoffe brochée à
fleurs sur fond blanc.

123 — Grand tapis en tapisserie d'Aubusson à fleurs
sur fond noir.

LIVRES

124 — Environ 225 volumes : poésies, romans, etc.

125 — Environ 20 ouvrages : Histoire de Venise, de
Cantarini, 1650 ; Métamorphoses d'Ovide, tra-
duction de Durier, 1674, illustrées ; l'Art d'aimer,
d'Ovide, 1664 ; Bible de l'Université de Louvain,
en 1616 ; atlas ; Lafontaine ; Concile de Trente,
1780, etc., etc., gravures, lithographies colo-
riées, etc.

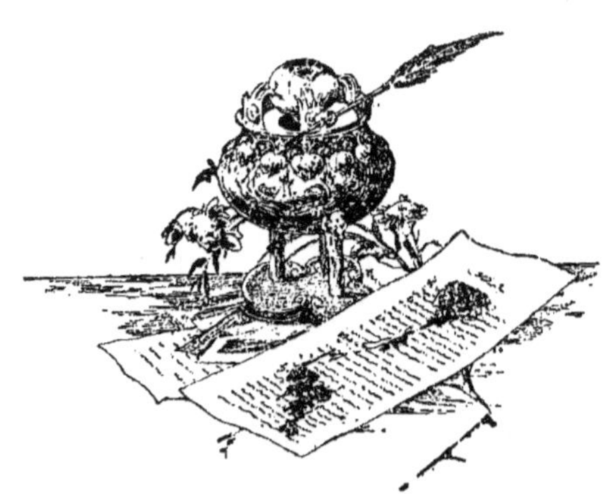